AF288445

Paul Gisi

Topografie der Liebe

Lyrische Handschrift

Bibliographische Information der Deutschen National-
bibliothek: Die Deutsche Nationalbibliothek verzeichnet
diese Publikation in der deutschen Nationalbibliogra-
phie, detaillierte bibliographische Daten sind im Internet
über http://dnb.dnb.de abrufbar.

Herstellung und Verlag:
BoD – Books on Demand, Norderstedt
ISBN 9783759758071

Paul Gisi

Topografie der Liebe

Lyrische Handschrift

Inhalt

I
Vorwort zu
Topografie der Liebe

Die Topografie ist eine Vermessung, Beschreibung, Darstellung, Kartografierung, Anordnung, eine morphologische Anatomie in den Zusammenhängen der Zuordnungen einzelner «Organe», Landschaften, Lustekstasen, Gravitationszentren zueinander, untereinander, miteinander, gegeneinander, harmonisch, dis-harmonisch, rhythmisch, arhythmisch, in den zentrifugalen Fliehkräften der Nachtdelirien der Liebe. **Eine Kalligrafie der Lust.** Eine Charakterisierung meines Lebens.

Ich liebe die FANTASIE, verknüpfe Gedächtnis-, Geistes-, Seelen-Inhalte, Liebeslusterlebnisse mit *neuen* Vorstellungen, male die Wirklichkeiten mit den Farben der Leidenschaft, komponiere intime, träumerisch weit ausgreifende Nocturnes, Quallenfossilien aus dem Präkambrium, das Kurvenmaximum der Erregung, liebe die Orgasmen des Seins, die Zuneigungen nackt zu nackt, die existenziellen Synkopen auf der Zunge.

Mein persönliches Engagement ist die Verbindung zu den Imponderabilien des Lebens, ich trete existenziell ein für die weissen Beeren der Mistel, die Kometenschweife der Lust, die Akkorde der Liebe, die gedanklichen Traum-tollkühnheiten der Nächte.

Es ist mir klar, dass ich da in kein Zeitmuster passe, doch das ist mir egal. Die Zeit hat mir nichts aufzuoktroyieren, ich gestalte mich individuell aus, so wie ich will.

Die Welt der Erscheinungen, Ouvertüren der Täuschungen, die Paroxysmen der Nachtstürze, die Sonneneruptionen der Liebe – vermessen wird das Unermessliche in Urkunden der Liebeslustaugenblicke, zimtsüss im Glühwein der Umarmungen, in der Freiheit; im Rausch des Lebens sich verlieren zu dürfen bis dorthin, wo es keine Worte mehr gibt. Durchwurzelungen des Nichts. Meine Hand-schrift.

FREIHEIT DER LYRIK.

Ich schenke dir Frau
ich schenke dir Mann
ich schenke dir nonbinärer Mensch
meine Handschrift

Paul Gisi

II
Topografie der Liebe
Lyrische Handschrift

Im Zusammenwirken entgegengesetzter
Kräfte
Gewissheiten Wesenerfüllungen
finden verlieren
Pupillenreflexe ignorieren
ohne logischen Zusammenhang
Welten entwerfen
virtuos Sandkörner jonglieren
wenn Posthornwürmer auswandern
Bongos über Moortümpeln rumoren
Vernunft ein Gelächter wird

– endlich die Sinnfrage stellen

doch
EINHINUNDHERLIEBEN BEGINNT

·

Im Dickicht von Wurzeln und Maden
Sphärengeister entdecken

über die Illusion von Zeit und Ewigkeit fabeln

sich an Evidenzen von Klang und Duft
berauschen

                    eintauchen endlich
          in Lichtkurven
          Weltallmoleküle
          im Andromedanebel

ein paar Schritte mit dir gehn
monochrom polychrom

DRACHENBLUTROT
LIEBESLUSTVERSUNKEN

                    •

Mit Dionysos die Flammen
des Bordeaux trinken
        taumeln sich berauschen
    lustekstatisch
            mit Sappho singen
sich fallen lassen
zur Geisselalge zum Nacktfarn
zur Zapfenpalme

        in der Transzendenz
        des Fischauges
DEN KOSMOS UMARMEN
    TRUNKEN
    ÜBER FUNKENLINIEN SPRINGEN

SEIN VERWANDELN

•

Die Hand brennt wie ein Quasar
streicht
dem nackten Körper entlang

wolkenamorph das Nichts –
tizianrot der Traum

Smaragddrachen singen Liebe
ich umarme dich
im Mohntrank der Nacht

•

Eingeritzt der Vogelgesang
in den Brustkorbrippen
    die Tropfen der Schönheit anbeten
    im Blütenstaub

im Schleiernebel Orions singen
        eine Pfeife rauchen
    deine Hand in meine Hand
    nehmen

        später
        nachts
SICH TRUNKEN LIEBEN

•

Ins silberne Gespinst einer Mandoline
verfängt sich
traumfingrige Daseinslust

der Sonnentau im Moor lacht

aus sich selbst heraus
Welten finden
in den Umarmungen der Erscheinungen
der Luftwurzeln der Illusionen

.

Träume umranken die Nacht
Jahrhunderte wanken
von Täuschung zu Täuschung

verrätselt wellt der See in den Horizont

Mandolinensilber blitzt

in der Unschärferelation
tanzt der Gott
irrverwirrt

in der Kernfusion
in deinem Blut
DUNKLE TRUNKNE STUNDE

•

Schwerkraftfrei ans Ende der Welt fliegen
inmitten von dir bleiben
den interstellaren Staub in den Trollblumen
küssen
in Sonnenwinden tanzen
in Shivas acht Armen liegen
          WEIN TRINKEN
     in den Verschleierungen
     und Enthüllungen des Seins
  AUFATMEN
lustvoll sich in Träumen verirren
ERKENNTNIS EINÜBEN
ALS OB DAS MÖGLICH WÄRE

·

Ich gehe fort um in dir zu bleiben
ich bin dein Flussaal
du meine Bajadere
wir finden uns in der Lust
im Galaxienschweif
IM KERN

    in Muschelscherben
    aufblitzendes Erkennen

mit nackten Füssen
                verschwinden
            umschlungen von deinen Armen
WELTENBRENNEND

     •

Sehnsucht nach Wohllaut –

Sprache der Babylonier Assyrer Phönizier

EXISTENZFARBEN
wenn wir uns
       l e i c h t
               unerwartet
ORPHISCH
finden für einen Augenblick
der Irritation der Lebensgeister
      zusammenfallend
   im amethystroten Vergessen
in einem Tanzschritt der Spiralgalaxie

WIR BLEIBEN UNS
LIEBEND UNBEKANNT

.

Deine Augen brennen wie ein Rubin –
der nackte Körper eine rauchige Bratsche
GESANGTRUNKEN
DER ATEM

      einschattende Wolken ziehn auf
Fingerbeeren perlen wie Cembalotropfen
rauschsüss flammt Liebe

unsre Lippen tauschen Malagawein
fremde Vokale Kantilenen

in der Dementia lauert ein Dämon

TRAUMLUST TRAUMGEIST
GEGENPULSIEREND

    •

Flammen fallen in Phallen
Feuerungeheuer züngeln durch die Nacht –
Stachelbeerblattwespen singen Psalmen
dunkel dunkel orgelt die Welt
wenn die Wolken vergessen was sie sind
der Atem stockt
du dich versteckst im Dickicht der Galaxien
dann wird Ende Anfang
im Lachen der Lust

•

Im Weinglas kreist das Universum
KOBOLD GOTT
tanzt auf der Zunge
     kobaltblaue Augen sehn mich an

      schleiernächtig
      die Erinnerung –
      du schenkst dich mir
in Galaxien silbernen Arpeggien
in der Verlorenheit der Winde
IN DER HITZE DER NACKTHEIT

beingespreizt der Nacht
WENN LIPPEN AUF LIPPEN
SICH FINDEN
     wir brennen
     erkennen

•

Rosen blühn wie Madrigale

mit dir Akkorde Melodien Düfte spielen
schuppige Schlangensterne anbeten
mit Regentropfen auf deiner Haut tanzen
SCHÖNHEIT SINGEN
   schwerelos Weintrauben sammeln

GEIST   ALS   LUFTBALON
BETRACHTEN
Leidenschaften erleben
   wenn die Amöbe die Sonne verdunkelt

in jeder Situation   f r e i   bleiben

•

Das Universum ist ein Vogelnest
das Herz eine Schleiereule

MEINE LIEDER EIN NACHTWIND
UM DEINE FÜSSE
wenn hinter dem Augenlid
Muscheln vergessen was sie sind
brennende Käfer über vereiste Milchstrassen
rasen
in Oratorien Engel tanzen
          sage ich
          komm
wir üben uns zusammen ein
fürs Schweigen

•

In der Melancholie ruhen Eulenaugen
rund und rot und voller Fragen

Riffbeeren träumen Geist
trillern im Universum
der Hummelwels dichtet Oden
das Violinkonzert glitzert
wie Silberfäden am Himmel

sinnierend die Zeit
im Bitterkern
der Unermesslichkeit

ORGELSPIEL TANZT IM WIND

•

Laternenfischaugen blitzen auf
in den vorübergehenden Wirklichkeiten –

junge Männer wie Stimmgabeln
und Mädchen wie Violinschlüssel

nachtgehöhlt die dunkle Leerheit –
wir tauchen
fingerumfingert ins Universum ein

in Traumalgen tönt das Bassethorn
WELTENERKENNEND

•

Lippen wie Wasserfälle
Augen wie Zugvogelschwärme –

    ich studiere
die Philosophie der Botanik
die Geologie deines Körpers
deinen milchstrassenweissen Hals

eine Orgelsinfonie der Lust
die Astronomie deines Gesichts
im Windbrausen des Seins

•

Als wäre das Weltall eine Tropfsteinhöhle
ein Delirium des Nabels –
WIEDERERKENNEN
IN ALLEN WESEN

suche die Erleuchtung
in der Moosbeere
in der Windstille
in Koronararterien
instrumentiere die Einsamkeit
winke der Sphinx zu
schweife ziellos in Traumfernen umher
verliebe dich va banque
bevor du alles vergisst

•

IRRATIONAL DER MENSCHENGEIST
der Amorphophallus
    präludiert Schönheit
        amphorenrund

Erdzeitalter warten raupenverpuppt
auf die Metamorphose zum Schmetterling

Libellen Glaswelse *Sternbild Orion*
DAS LEBEN IST EIN MÄRCHEN
DER SCHÖPFUNG

•

III
Tentakel
pulsierend gegenpulsierend

Der Safranfink ruft nach dir unsre Hände
suchen sich in den Oasen der Körper in den
Buchten der Umarmung ich nähere mich den
Entfernungen in dir lichtdurchlässig das Herz
eine Seerose die Tentakel der Sonnen brennen
schlammfischig die Worte die Untiefen der
Vergangenheit ziehen erbarmungslos nieder
macht nichts ich fliege unbekümmert von
allem mit dir auf

Die Abenteuer der schönen Chariklea der
äthiopischen Königstochter von Heliodor
erfreuen mich übers Delta des Traums fliegt
ein Kranich zügellos die Lenden im Mund
ziehen sich Wolken aus Angst zusammen mit
dir umgehe ich den Abgrund Bäume spielen
pizzicato Satsuma japanische Töpferware
schwarzglasiert das ganze Vermögen
vertrunken das Leben ist eine Eskapade
Weisheit gehupft wie gesprungen nichtig
gichtig das Sein tun wir nicht so als ob es
Vernunft gäbe maulwurfsblind die Stunden
der Abendstern lacht

Erinnerungen versteckt in Höhlen auffindbar
nur mit dir ein Vogel verschwindet im
Horizont
mein fliegender Teppich wirft keinen Schatten
nichts ist wie es ist Fragen Antworten sind
Wind pulsierend gegenpulsierend in den
Tentakeln der Täuschung niemand weiss
etwas   Regentropfen   alles

spiralgalaxiekreisend im Einblütigen
Moosauge Düfte Farben Klänge herznah
Lippen finden Lippen *schweigen*

Herzpochen wie Donner im Wachliegen nach
Mitternacht ich wage kaum zu atmen

In der tiefsten Tiefe in mir bin ich befreit
ausserhalb von mir bei fernen Melodien
rauchgelben Trollblumen lustüberstürzenden
Kaskaden handinhand mit der Leere der Fülle
des Kosmos ratlos lachend

Dein Atem reicht vom Sonnenaufgang bis
zum Nachtgesang im Choral des Seins sich
einschwingen ins All Neurologie Neurologie
sein lassen mit dir Wurzeln bilden die Geige
spielen die Trommel schlagen auf dem
Zweimasterschiff singen im verlornen Ich
duzugeneigt

Aussen innen Tanzschritte üben grenzen-
auflösend auf Traumströmen sich treiben
lassen deinen Hals streicheln sich dem Geist
in den Blumenknospen öffnen komm zu mir
ich flüstere dir Liebesgeheimnisse in dein
muschliges Ohr Lichtpunkte Fächerfische
doppelversternt mit Mira die Wunderbare
aufgefächert ins Unermessliche des Orgasmus
und auf der Zunge Honig

Schlafwandelnd wachwandelnd innerhalb ausserhalb meines Lebens zu deinem Leben hin in die Meteoritenfälle deines Bluts mit dir *gleich* werden in den Verschiedenheiten zu Einsichten Erleuchtungen gelangen als obs das gäbe Essenzen wie Nektar trinken Leere Fülle erfassen gegenwärtig bleiben

In Sonnenfinsternissen Echnaton umarmen verschwenderisch *frei* bleiben in den Rosen im Schwalbenflug mit dir Wein trinken lustvoll das Nichts einfärben mit Regenbogenforellen tanzen über Vernunft und Wahrheit nach-denken Gewissheiten als Wahrscheinlichkeiten sehen fingerumfingert Oden dichten *schweig-sam werden*

Astral orchestral die Nachtsternenfernen wir sitzen eng umarmt auf der Mole küssen uns

Ergriffen sein von den Tentakeln der Perseiden in den Zwickscheren kosmischer Krebse glockige Brüste blühen Wiesenkerbel-blütendolden deine Augen wie eine Oktave deine Lippen ein Kometenschweif dein Geschlecht es blitzt und donnert in den Täuschungen der Tugend die Weltvernunft ist ein ausgelatschter Schuh Wahrheiten wuchern unnütz völlig überflüssig schrullig bei Jedermann Milchstrassen sind Härchen

respektive Härchen Milchstrassen auf deinem
Körper Dämonen träumen wir schenken uns
uns lustinlust im Pizzicato des Seins und um
nicht zu weinen *lachen* wir in den
Grenzenlosigkeiten der Jahrmillionen der
Sekunden

Funkenregen schau nur hin mach dir deine
Gedanken dazu als obs wichtig wäre
sinnweisend sich ans Unwahrscheinliche
halten Labyrinthe sind so aufregend Atem-
pausen als Illusion in Achselhöhlen träumt das
Nichts Wahn blendet Noten tanzen ein Rondo
es ist ein Hin und Her zwischen Amöben und
Göttern tausendblättrige Lotosblüten hinter
deiner Stirn die Nacht ein Zauberelixier der
Nebel steigt

Sich mit dir selbst zu erfinden in den Strömen
der Nacht aufgeschreckt von den Sternen den
Wurzelkrallen Überflüssiges über Bord
werfen nach vorne schauen obwohl man nicht
weiss wo *vorne* ist einfach so tun als ob man
eine Richtung eingeschlagen hätte
Lichtundschatten ignorieren janein sagen
schweigen

Die Menschheit ist Sisyphos ein vorüber-
gehender Schatten der Täuschung ein
Irrwarrgeklirr traumrissig Ebbe und Flut der
Jahrmillionen Gespinst des Nichts wir hören
uns nicht sehen aneinander vorbei der

Teufelsrochen lacht in der Blumenzwiebel
instrumentiert sich das Universum der
Flohkrebs I c h tanzt eine Pirouette in der
Silhouette von fernfernher fällt der Traum des
Wahns in die Blutbahnen in die Ganglien der
Lust grenzenlos befreit im Fruchtzapfen der
Schwarz-Erle präludiert Seinsdeutung Zukunft
DIES IST ZU SAGEN

Mit *Vincent van Gogh* in Arles Pastis trinken
im Sonnenblumenkerntaumel eine Graslilie
kitzelt meine Lenden der Stern *Krebs* kneift
meine Hoden durch den Weihrauch im
Zisterzienserkloster hört man gregorianischen
Gesang moussierende Träume steigen auf
Beerenrot schmückt deine Lippen eine
Aalquappe deine Zunge raunen wir vergnügt
etwas von Logos es kommt doch alles anders
tanz tanz mit Löwenzahnsamen ins Sein

Mit Rodins *Denker* denken man ist ja nicht
folgenlos Lyriker Themen aufgreifen die einen
ergreifen saltimbanquesk Welten einfärben
ernsthaft zu den Wolken hinauffliegen es gibt
so vieles zu tun majestätisch den Kopf
schütteln als Fisch Meere durchschwimmen
nachts wenn alles sinnlos ist sich auf den Weg
nach irgendwohin machen MIT DIR
LACHEN

Sich von den Flammen der Schönheit
verbrennen lassen

An die Meerufer deines Herzens anlegen in
Seelilien träumend sinken VOR   MIR
LEBEN dir zu sagen dass ich dich liebe

Mit Spinnweben überzogen die Zungen
befreien wir uns im Streulicht des
Sonnenuntergangs trinken Wein mit Kalippos
wir müssen keinen Finger rühren auf dass die
Planeten weiterrasen das Verhängnis ist
unaufhaltbar doch gegen die Kerze auf
meinem Schreibtisch kommt keine Dunkelheit
an wie Lichtfäden die Finger auf unsrer
Nacktheit Nachtwinde in den Achselhöhlen
den wilden Stürmen umarmen wir uns singen
Lieder halten wir es mit den Ekstasen den
Kelchkorallen den Vulkanen prüfen wir das
Schweigen GEGEN DIE LUST ZÄHLT
NICHTS

Gespenstig der fremde nahe Atem ineinander-
stürzen einschlafen aufwachen Mund an Mund
Ewigkeit vermessen auf Zungenspitzen ein
paar Tropfen Sein anbeten im Delirium der
Liebe wissend unwissend

Komm zu mir bleib bei mir kleine Blume du
darfst dich selbst sein wie du bist

Flammenströme in den Kapillaren der Lust
Herzklappeninsuffizienz im Delirium der
Einsicht der Weitsicht es ist alles da im Nabel
in den Arabesken des Geists Nachtfeuertanz
umarmt irrtraumwirr von Hand zu Hand
Teufelsrochen philosophieren über fremde
Denksysteme der Wucherpilz hält es anders
Zunge auf Zunge psalmodieren die
Fussabdrücke des Seins verlieren sich im
Nichts bengalisch zuckt dein Phallus Dionysos
lacht

Inmitten von Kratern Sümpfen Erdrissen der
Kranichschatten Kletterpflanzen ranken ins
Herz wolkenverhangen die Pupillen die Sonne
weint

Du hörst es das Versunkne

Sich zu finden wenn alle Uhren stillstehn
Angst pocht weitergehn in die Ferne in dir wir
schauen uns an *erkennen* atmen ineinander
Zeitlosigkeit Wind durchrüttelt die Sterne ein
gelbstreifiger Käfer wandert über die Milch-
strasse Enzephalitisviren tanzen hotten mit
Walküren alles ist einerlei solange du bei mir
bist

Koboldhaft deine Finger auf meinem Körper
die wendigen Lippen wie Aale das Universum

ein Scherzando eines alternden Gotts der
Mond hängt wie ein Tautropfen am
Nachthimmel ein Zehnfusskrebs studiert die
Upanishaden die Vielheiten des Traums *zu
klagen zu jubeln*
mit einem thebanischen Gott den Himmel
durchwandern sich in eine Schwalbe
verwandeln mit dem *Schlepper auf der Elbe*
von Emil Nolde dein Schiff ziehen
Ideenwelten jonglieren über Metaphysik
Erkenntnislehre und Ethik lachen mit den
Wühlmäusen Doppelsterne finden wir
entzünden uns nacktzunackt mit den Farben
des Kimonos tanzen fern klagt ein Saxofon in
der Lagune deiner Hüften sich verlieren den
Sehnsuchts-schmerzgesang eines Cellos lieben
von der verschwenderischen Schönheit einer
weissen Dahlie geküsst werden so zu tun als
ob es keine tödlichen Keimlinge gäbe
LIEBEN lust-wandeln in versteckten Höhlen
Sonne Sonne sein lassen an die
Untrennbarkeit von Leere und Erscheinung
glauben wenn das Nichts seine silbernen
Gespinste webt und das Sein eine
Allwissenheit vortäuscht Finger wie Schatten
sich über den Körper ringeln im Feuerkreis
deiner Arme ruhn Transzendenzen in deinem
Atem erleben ENDLICH NIE
ANZUKOMMEN

IV
Flohkrebsiaden
Sätze

Es erfüllt mich leer zu werden was natürlich
nicht stimmt die Fülle erfüllt mich bis zu
Freudentränen

der Wind eine silberne Forelle wagen wir ein
paar weitere Schritte

SIEH Andromeda ich rede von *dir* deiner
Nähe die ich noch nie überbrücken konnte

das Schweigen kommt aus dem Mesozoikum
–

deine Augen Sittiche silbergespinstig die
Finger auf dem nackten Leib

deine Lippen ein Kometenschweif da wirds
gefährlich dich zu küssen

arthritische Bäume stehn verzweifelt rum
leider ist das kein Traum

die Sterne lassen sich an einer Hand zählen
hat man nur genügend Finger

angesichts des Ganzen kann man nur en détail
denken

Gott raucht einen Zigarillo und kümmert sich
um nichts

ein fahles Licht ein wilder Wind da gibt man
sich gern die Hand

ist dieses Sumsen eine Mücke oder ein
apokalyptisches Bersten?

der Wind ist ein Schelm er tut immer so als
hätte ers eilig da verrate ich dir und teile
öffentlich mit *er hat gar kein Ziel*

sumpfdotterblumengelb taucht die Sonne ab
welche Klangfarbe zaubert sie am Morgen
hin?

Derwische tanzen es sind Blätter im Wind

die Philosophen sagen so viel es fällt aber
alles durch die Salatabtropfschüssel der Welt-
geschichte

die Politiker werden sich noch derart
verblöden ein Gesetz zu erlassen dass auch im
Sarg ein Schutzhelm zu tragen sei

ich bin kein Atlas kein Himmelsgewölbe
stützender Titan ich befasse mich mit den
Flimmerhärchen auf deinem nackten Körper

Täuschungen Irrtümer sind mir ein Genuss da
ich es mir längst einfallen gelernt habe
Wahrheiten abzulehnen

dein Lachen ist ein Sommerblumenfeld

im wuchernden Urwald der Gedanken gibt es
keine Wegweiser

was ist herrlicher als zu lieben und
schöpferisch zu sein?

es ist sehr unweise von Weisen sich
einzubilden dass ihre weisen Gedanken für
alle Menschen weise sein müssten

ich sehe dich Wasserdrache als Propheten

leidenschaftlich hingegeben sein für die Flammen des Lebens

ICH BIN WIE ICH MICH FÜHLE FREI

in jener Nacht da ich meinen Geist verlor …

Tanzschritte des Winds

die Zeit der verrauchten Spelunken ist leider vorbei

zerfetztes Gauklerblau der Himmel in deinen Augen flamingorot deine Lippen dein Körper vollkommen geformt

mit Wortsand leben

wir sehen uns an und wissen dass wir uns noch lange nicht ganz sehen

der Geist ist nicht nur Geist sondern auch sinnliches Erzittern

im irren wirren Wirbelwind sich ruhig lieben

man komme mir nicht mit Konfuzius der war
ein lebens- und lustfeindlicher Schnorri

die Sonne in die Pfeife stopfen l a c h e n

ich weiss nicht mehr ob es ein Freund oder ein
Feind war der an meiner Zunge zog und zog
bis sie die Erde umrundete jedenfalls verging
mir jedes Wort

DER WIND spielt mit Wolken Wellen Gras-
halmen Bäumen IST ATEM

ich fliege auf in dir Freund

nur in einem Zerrspiegel gibt es Grösse

das einzige Kleid das dir ziemt ist die
Nacktheit

der Trieb und der Geist sind unzertrennlich
harmonisch vereint in der Flamme des
Universums

erwachend auf Träume hin

ein Zwerg begegnete einem Riesen beide
lachten befreit auf

Farbenrausch rauchblaue Augen amethyst-
farbnes Erinnern eine silbergraue Wolke
morphotrunkenblau das All

im Trinkgelage der Nacht philosophieren
lustwandeln

Wahrheit ist bloss ein Wirrwarr der Leere

die Milchstrasse singt wie eine Violine

im Nusskern träumen

Angst ozeant im Traum wellenaufgetürmt in
drohender Dunkelheit WAS WISSEND?

verunsichert schaue ich auf in den
Kontinentverschiebungen

es ist mir froh und leicht flaumig tänzelnd und
gleichzeitig bleiern schwer und trostlos
zumute das ist nicht zu verstehen nur zu leben

ich denke an eine ganz bestimmte Literatur-
zeitschriftchefredaktorin *eine Zwetschge*

wenn ich denke vonmirwegdenke zumirhin-
denke rundumdenke kommt mir das was ich
denke so herrlich klar unklar vor

Else Lasker-Schüler du meine geliebte
Schwester

als er Hugo von Hohenlohstein lachte weinte
er vielleicht wars auch umgekehrt sicher ist
lediglich dass es ihn nie gab

schön wäre gewesen einem Ichthyosaurus
Sokrates Franz von Assisi Wladimir
Solowjow begegnet zu sein aber leider habe
ich das in der Zeit knapp verpasst

heute Morgen ist die Singzikade munter
existenzphilosophisch aufgelegt das wird ein
schöner Tag

die Orgelsinfonie von Camille Saint-Saëns ein
Mistral um Carcasonne in der Languedoc

da wir uns kannten versuchten wir uns nicht
mehr zu kennen und da dies äusserst schwierig
war gelang es uns auch

das ganze Leben in der glashellen Seestachel-
beere

die Endlosigkeit der Trollblume der kugel-
runden weissgelborangen

die Schönheit eines Schmetterlings erschüttert
mich lässt mich tagelang wie im Delirium
umherirren bewirkt dass ich die Menschen um
mich herum nur noch als Schatten wahrnehme

virtuos hummelt die Hummel um die Blüten
der Kapuzinerkresse

wenn mythische Wesen wenn Diogenes wenn
Tennessee Williams wenn Château Margaux
aus dem Médoc wenn Rumbakugeln wenn
Segelboote wenn in Viktoriakutschen wenn
sphärische kugelförmige Sternhaufen wenn
der Igelwurm

die Sprechkünste die Ouvertürenaufgerauscht-
seligkeiten das Pluderhosenimwindeflattern

die Eiffeltürmigkeit die Kathedralen-
aufgeragtheiten die Tiefseealgenwaldträume

meine «Flohkrebsiaden» sind Schelmiaden
Denkarabesken Schnurrpfeifereien Gelegen-
heitserspähungen Einfallsfreiheiten Locke-
rungsübungen Poetisches Schuttauf-
schwemmungen Paradoxe Seifenblasen so wie
das Leben eben ist es macht mir grosses
Vergnügen da dranzubleiben mit diesen
Notizelchen ich weiss genau sie werden kein
künstlerischer Höhepunkt doch sie dürfen
gehobelt und ungehobelt getrost stehen
bleiben äusserst karg formuliert oder
sprachlich wuchernd verkrautet

bis zum letzten Atemzug hat man im Leben
für alles Zeit erst nach dem letzten Atemzug
fehlt einem die Zeit für alles «keine Zeit» zu
haben ist eine der am weitestverbreiteten Täu-
schungen des Menschen

jetzt lese ich zum wiederholten Mal Jean
Starobinskis Buch *«Psychoanalyse und
Literatur»* ein Thema das mich existenziell ein
Leben lang interessierte

zwischen zwei Amselgesängen lese ich
häppchenweise Alfred J. Zieglers Buch

«Wirklichkeitswahn. Die Menschheit auf der Flucht vor sich selbst»

Robert Walsers geniale Prosastückelchen *«Aus dem Bleistiftgebiet»* lese ich nächtelang mit grösstem Entzücken

ich muss will unbedingt das Studium von Karl Jaspers wieder aufnehmen seine «Existenzerhellung» ist für mein Leben angesagt

Geburt Leben Sterben Auferstehung von Jesus – Zentrales des Christentums doch *dieses* Christentum hat es nie gegeben in der Menschenwirklichkei der Mensch hat seit 2000 Jahren Jesus verleugnet alles in Machtdemonstration an sich gerissen zur Farce veridiotisiert das ist sehr traurig (am Karfreitag geschrieben)

das Christentum heute ist ja bloss widerlich lächerlich verabscheuungswürdig pompös und frauenfeindlich hat rein gar nichts mit Jesus von Nazareth zu tun die «Gläubigen» sind es die Jesus desavouieren verfälschen die «Christen» sind es die Jesus verleugnen und nicht die Agnostiker die die Unerkennbarkeit des (wahren) Seins postulieren das Göttliche und Übersinnliche leugnen

der Glaube der den Zweifel ausschliesst tötet
den Glauben Annäherungen an den Glauben
sind nur im Nichtglauben ernstzunehmend
möglich

zutiefst in einem Hoffnungskern lebt Jesus
geben wir ihm persönlich Raum Kirchenlehre
Dogmen sind Plunder

das Sinnliche die Träume stehen mir als
Lyriker im Mittelpunkt doch ich lasse mir die
Gedanken das Geistige Philosophische nicht
nehmen

ich höre Claudio Monteverdis «L`Orfeo» und
versöhne mich mit der Welt

ich liebe Amun von Theben liebe Papyrus für
meine Nachtnotate im Gesang der Cepheiden
lache Sonnenauge liebe den Zauberstab
Phallus liebe den Tanz der Schildkröten trinke
gern Wein und alten Brandy rauche mit Lust
meine Catull`schen und Anaximandros`schen
Pfeifen liebe die Worte Kohelets des Sohnes
von David schreibe mystische Liebesgedichte

ich weine aus Freude zu leben Labyrinthfische
Singdrosseln Sterne zu lieben das Glitzern des
Sees zu erleben Mozart zu hören altägyptische

Liebeslieder zu lesen mich ins Grenzenlose zu sehnen zu lachen

Schönheit ist eine Dimension der Nacktheit eines menschlichen Körpers des Gesangs der Formen und Farben der Holunderbeeren der Erotik der Kathedralen des Firmaments des tanzenden Shiva einer Gesichtsvase aus Phaistos einer Katzenaugennatter einer erregenden weitausschwingenden Melodie und betörenden Harmonie zu umarmen und umarmt zu werden mein Gott warum bin ich so in die Schönheit verliebt?

mich erfüllt eine Sehnsucht nach dem Universum Liebeslustekstase mit dem Atem des Seins mit der arg bedrohten Schöpfung auf diesem Planeten versunken in den Augen eines geliebten Menschen

Trunkenheit der Nacht!

Welten schaffen auf Welten antworten Welten verändern

ich bin niemandem verantwortlich was ich schreibe keinem Weltgewissen (als obs das gäbe!) keiner Gesellschaft keinem Zeitgeist keiner Religion keinem Literaturtrend sondern

ich bleibe weiterhin nur mir selbst gegenüber
verantwortlich behaftbar erkennend gestaltend

mit sogenannten Autoritäten möchte ich nicht
mal mein Zimmer tapezieren

Politiker sind ein Analabszess der Menschheit

ich liebe Cumuluswolken Schauernieder-
schläge Supernoven Schuttströme Kokos-
palmen Tiefseemedusen Gelbhaubenkakadus
Orgasmen Fünfmastbarken Visionen Krumm-
hörner (ein bisschen wie Phallen) Theokrits
Idyllen Mozartmessen Vogelbeerblüten
Ozeane Nachtschattengewächse die Philo-
sophie Belcanto das Seemannsgarn die Mystik
die Teppichknüpfkunst die Mythologie die
Gassensprache die Glazialkosmogonie die
Biberbaukunst den Vogelgesang die
Astronomie

es geht mir um die fassungslose Vielheit in
einer geheimnisvollen Einheit in den
dunkelsten Traumtiefen höchste Sphären
erreichen «erkennend» im Gesang des
Nichtwissens in der Nacktheit der Schöpfung
in der unermesslichen Schönheit des Sternen-
staubs in den brennenden Atemzügen des
taumelnden Augenblicks

Geist ist in der Menschheit nirgends zu finden
ausser in der Psychose

ich liebe das Irrationale der rauschhaften
Zusammenhänge

ob ich lache weine singe schweige wenn ich
vom Messerzahnaal von der Gefleckten
Kuckucksblume dem Sternbild Centaur der
Panflöte Tropfsteinhöhlen Winden Ekstasen
Angstverwerfungen rede rede ich von Liebe

der Animismus gehört so wenig wie der
Spiritualismus zu meinem Weltbild ich liebe
den Eros die Freiheit der verrückten
Zusammenhänge die existenzielle Klarheit des
menschlichen Atems das Glück vom Leben
mitgerissen zu werden die Lust des
Universums

ich verneige mich vor Feuerkorallen dem
Waldohrkauz vor Mozart der Sonne den
Fischen Vögeln Blumen Winden und Wolken

Liebeslieder Klagelieder von SCHÖNHEIT
das Gift der Schönheit

sich ausweiten sich einengen sich variieren in den Schönheitsflammen bei Luigi Boccherinis Violinsonaten handinhand mit einem geliebten Menschen auf der Mole sitzen lachen Pfeife rauchen schweigen weltenkundig werden im Zauberbann der Liebe

Gott als alten Matrosen in der Hafenkneipe hinter einer Flasche Absinth zu sehen auch das ist Mystik

mit Dionysos pokulieren lachen mit der Schwarzpappel im Wind sich geborgen fühlen im Imaginativen

GESANG der Klippenbarsche der Staubwüsten der Schwarzen Tollkirschen des Sternbilds Walfisch im Gedicht in der Sprache pulsierend im innersten Lebenskern sich allem nähern

mir ist Richard Wagner mit seinen fetten Omeletten widerlich

zwei Kathedralen begegneten sich auf ihrem Spaziergang beide begrüssten sich *«Gott zum Gruss du altes Haus»*

auch vom Hundertsten zum Tausendsten zu
kommen verbleibt immer im Einen

ich begann dich nicht mehr zu kennen da ich
dich allzu gut kannte

meine Denk- resp. Lebenswahrnehmungs-
dimensionen sind nicht so genau abmessbar
im geistigen und sinnlichen Bereich – dass sie
ausserordentlich sein mögen *muss* per se für
die Kunst keine Qualität bedeuten *kann* es
aber! ich schreibe von Liebeslusterkennbarem
(inspiriert «erleuchtet» vielleicht nur für mich)
vom Imaginären Traumverwehten erlebten
Ein-Verbildlichungen von Evidenzen neuer
Zusammenhänge

ich greife ungeniert in konventionsferne
Räume besser: in ungesicherte Raumlosig-
keiten die einem braven Bürger wohl den
Atem nehmen den Atem nehmen sollen!

ich bin kein Lyriker der Zuckerwatten ich bin
ein Lyriker mit scharfkantigen Konturen man
muss mich nur ganz lesen

Balsam als Gift Gift als Balsam das Leben ist
leidenschaftlich betörend taumelnd schön in
der FREIHEIT

Nacht fällt über dich herein kleine Schwalbe
ich liebe dich

ein Manko der Mango beim Tango anstatt das
Geschiebe der Triebe in der Liebe beim Tanz
mit dem erigierten Schwanz

sich nicht mehr verlieren atemleicht sich
finden

die Sicht auf diesen Planeten mit *diesen*
Menschen ist grauenerregend

jetzt entzückt mich die Sinfonie Nr. 8 Es-Dur
von Ferdinand Ries

alles in allem bleibe ich froh unerkannt zu sein

mit Jean Paul zu den Grotten der Nacht
auswandern

zwischen Blitzen und Donnern Juan Carlos
Onetti lesen

was für eine fade Suppe die heutige
Zipperlein-Literatur mir fehlt der ZORN *

* *Zorn: heftiger leidenschaftlicher
flammender Unwille über etwas was man als
Unrecht empfindet*

es ist eine liebenswerte Insel Silja Walter zu
lesen so schön ein Geheimnis zu haben

wenn ich ein Literaturlexikon durchblättere
sehe ich fast nur psychopathologische
Lebensläufe ein Haufen von Spinnern und
Eitlen von Narren Schwachsinnigen und
Spiessbürgern in Denkdoktrinen Verknöcher-
ten: eine Zunft von Idioten LÄCHER-
LICHKEITEN! s Lääbe isch schön

ich habe letzthin viel über die FANTASIE die
ich für alle Kunst als das Wesentliche erachte
nachgedacht die Fantasie muss organisch aus
Traumtiefen herkommen darf nicht konstruiert
gemacht sein muss schlafwandlerisch seiner
eignen innern VISION folgen erschüttert sein
es geht immer um BILDER – SEHEN in der
Nähe des Sinnbild-Erkennens entflammte
Nachtschatten!

jede Sprache ist eine Sprachlosigkeit

die Menschheit ist ein Spuk im Universum

der ganze Hokuspokus der Millionenstädte
wird verschwinden es können nur noch
Ruinen festgestellt werden

einen Körper vermisst man am besten mit der
Zunge

als ich 1971 im Hotel «Du Nord et d`Anvers»
in der Rue de Maubeuge in Paris Stéphane
Mallarmé las

in der weiten Entfernung der Nähe findet sich
beingespreizte Nacht

dass einer siebzigjährig ist Literaturprofessor
und nur ein Bündel Lüge

die gegenwärtige Menschheit ist wie sie
immer war wahnsinnig

ich muss lachen Religionen vorne und hinten
links und rechts oben und unten mit solchem
Plunder beschäftigen sich die Menschen

mit den Weisen ist es so eine Crux sie leben über den Wolken weil sie den Sex gering achten und mit geblähten Backen der Überzeugung von Geist reden sind sie lebensuntauglich blind fürs Wesentliche

Gesellschaftsromane sind mir immer wieder ein arger Verdruss (ein Freund liebt die Verlobte seines Freundes usw. usf.) da kann ich selbst Knut Hamsun nicht ausnehmen zu den interessantesten Büchern gehören für mich die zehn Bände «Erinnerungen eines Insekten-forschers» von Jean-Henri Fabre

Jean-Pierre Abraham «Der Leuchtturm»

der Feuerfisch braucht keine Politik

wir versinken in den unendlichen Weiten in uns derart lieben wir uns

ABSICHTSLOSES SEIN IN DEN VERWANDLUNGEN

Kunst entfaltet eine unendliche Vielfalt an Formen sonst kann man sie getrost in einer Gerümpelkammer verstauben lassen

nur bei Homers *Odyssee* fand ich keine
Mängel sonst kritisiere ich immer in jedem
Werk gewisse Passagen (Dostojewskij nehme
ich auch aus)

je tiefer ich zu meinem «Ich» finde desto
weniger Grenzen gibt es

ANBETUNG DER SCHÖNHEIT ist mir
lebensrettendes Elixier Schönheit in einem
jungen Mann in der Musik in der Dichtung in
der Imagination mit Träumen Galaxien
Blütenzweigen Feuersalamandern Seelenatoll
Ersterkanntem IM LEBEN in einem
hethitischen Basaltrelief in einem Andantino
eines Sonnenuntergangs lustgefiedert geist-
likörsüss heidekrauttraubig

in den letzten Nächten dachte und dachte ich
sehr sehr viel ich bin fast zum Denker
geworden (hahaa) doch ich weiss meine
Denkkraft ist gering in der Menschheits-
geschichte taugten Denker nie viel da halte ich
es leidenschaftlich lieber mit der Ratlosigkeit
in der Lyrik ist mir angemessener

die Frage was «normal» ist und was nicht darf
sich der echte Künstler gar nicht stellen es
kommt auf die WAHRHEIT DER VER-
WANDLUNG an die unbegrenzte Vielfalt des

Sehens die Wirklichkeiten der Imagination zählen (ansonsten kann man einen Leitfaden über Schuhbändel schreiben)

alles was nicht Liebe Lust Begeisterung Ineinanderstürzen ist hat mich längst zu langweilen begonnen

ich verstehe nicht alles was du sagst doch deine Stimme erreicht mich und lässt mich nicht mehr los

ich folge der Liebe überall hin bis zu mir selbst

ALLERORTEN ÜBERALL DANEBEN DARUNTER DARÜBER DARINNEN WIMMELNDES LEBEN

•   •   •

Für Zunglung
dein Zacklung

wenn du lächelst zerfliesst mir dein Name auf
der Zunge

deine Hand zu halten heisst e i n s werden
mit allem

mit dir schwerelos sein

die Verwirrungen der Liebe sind Offen-
barungen

wir bringen uns *innen* ausser uns

unsre Körper umspielen sich so leicht so leicht

lustinlustineinanderverschlungen finden wir
die Freiheit die Leichtigkeit des Seins den
Vogelflug

du bist die schönste Blume die ich je erblickte

du darfst sein wie du bist lachen weinen tanzen schweigen dich ausziehen mich ausziehen *wir zwei* auginaugbrennend

lippenauflippentaumelnd D U

ich erinnere mich nicht *ich lebe*

Lust an Lust zusammenzufügen ist wie eine Perlenkette Vollendung des Geists

du bist so sanft Samtauge beinumbeingeringelt am Nachtufer des Sees

wir schenken uns unsre Ratlosigkeiten wir behüten uns

Hoden wie Weissdornbeeren

im Kosmos zwei Fläumchen die sich anziehen ineinanderfallen in den Unbegrenztheiten unsrer Wesen

wir entdecken uns in Atemspielen Wind
überm Körper

Paul Gisi, 1949 in Basel geboren, Schulen in
Basel, Primarlehrerpatent in Zug, einige Jahre
Schulpraxis, Aufenthalte in Südfrankreich,
kurzzeitig verschiedene Berufe, viele Jahre
lang Korrektor in St. Gallen und Herisau, eine
Vielzahl Publikationen, hauptsächlich Lyrik,
aber auch Kurzprosa, Sätze und Briefe, erhielt
wenige Preise, lebt in Rorschach am
Bodensee.

•   •   •

Eine Gesamtbibliografie 1969 − 2024 von
Paul Gisi ist zu erhalten bei:

Edition Lucrezia Borgia

E-Mail-Adresse:
zackenbarsch.gisi@gmail.com

Homepage Paul Gisi: www.zackenbarsch.ch